¡Tu camino hacia una gran sonrisa!

Técnica de liberación emocional (EFT) tapping (darse pequeños golpecitos suaves con los deditos de la mano)

Ana Cybela

Illustrado por Widya Arumba

Copyright 2021 por Ana Cybela

Todos los derechos reservados. Este libro o cualquier parte no puede reproducirse o ser usado de cualquier manera sin el permiso escrito de la editorial excepto el uso de breves citas en una reseña de libros.

Impreso en los Estados Unidos

ISBN 978-1-955105-02-6

Para Sophie y Zoe

Incluso cuando quiero levantarme y huir, en lugar de terminar mi tarea, aún me quiero a mí mismo. A veces está bien sentirse aburrido.

Doy suaves toques en el costado de mi mano. Inhalo, exhalo. Encuentro maneras de divertirme sin importar lo que esté haciendo.

Golpeo suavemente la parte superior de mi cabeza. Inhalo, exhalo. Calmo mi mente y relajo mi cuerpo.

Golpeo suavemente mis cejas. Inhalo, exhalo. Encuentro alegría en las pequeñas cosas.

Doy suaves toques a los lados de mis ojos. Inhalo, exhalo. Si tengo que elegir, elijo ser amable.

Golpeo suavemente debajo de mis ojos. Inhalo, exhalo. Soy valiente y decidido. Confío plenamente en mí mismo.

Incluso cuando mi cara se sonroja y quiero esconderme del mundo, en casa, o en la cama, sigo queriéndome. Está bien sentirse avergonzado, a veces.

Golpeo suavemente debajo de mis clavículas. Inhalo, exhalo. Elijo tener un día increíble, pase lo que pase.

Incluso cuando escucho una vocecita dentro de mi cabeza que me dice que he hecho algo mal, todavía me amo profundamente. A veces está bien sentirse culpable.

Golpeo suavemente debajo de mi brazo. Inhalo, exhalo. Me perdono por mis errores, porque entiendo que estos me ayudan a aprender y crecer.

Incluso cuando las cosas no tienen sentido para mí, aún me amo a mí mismo. Está bien sentir confusión y dudas, a veces.

Golpeo gentilmente en el medio de mi pecho. Inhalo, exhalo. Acepto las cosas que, en algún momento, no entiendo y aprendo algo nuevo todos los días.

Al exhalar, regresa a su sitio. Soy libre de ser yo.

Tapping: Cómo hacerlo

Al empezar a dar los suaves golpecitos en las diferentes partes de tu cuerpo, las reglas deben ser las siguientes:

1. Elige tu mano más fuerte. Ya sea la izquierda o la derecha. ¡Tú decides!
2. Cualquiera que sea la mano que elijas, asegúrate de usar los dos dedos al lado del pulgar, es decir los dedos índice y medio.
3. Toca unas cinco veces.

Pero:

Puedes tocar con un dedo si quieres... o tres como prefieras.
Además, puedes hacer tantos toques como quieras.
¡Hacer tapping es genial porque puedes elegir!

Inhalar

Siéntate y ponte cómodo.

Ahora, inhala larga y profundamente por la nariz.

Hazlo bien y lentamente.

Permite que el aire fresco llene tu abdomen como un globo.

Exhalar

Ahora, expulsa todo el aire a través de tu boca.

Lento y suavemente.

Apoya las manos sobre tu abdomen.

Siente cómo este se aplana al exhalar.

Hacer los toques a un lado de la mano

Utiliza dos dedos de una mano para dar los pequeños golpecitos en la otra mano.

¡Imagina que eres un experto en karate! La parte de tu mano con la que golpeas, es donde debes hacer los toques.

Es la parte suave en el costado de la mano debajo del dedo meñique. Mientras golpeas suavemente, di:

«Incluso cuando quiero levantarme y huir, en lugar de terminar mi tarea, aún me quiero. A veces está bien sentirse aburrido.

Encuentro maneras de divertirme sin importar lo que esté haciendo». Inhala y exhala lentamente.

Hacer *tapping* en la parte superior de la cabeza

Golpea suavemente la parte superior de tu cabeza, justo ahí, en el medio.

Mientras lo haces, di: «Incluso cuando siento la cabeza mareada y mi abdomen se siente incómodo, sigo queriéndome. A veces, está bien sentirse nervioso. Calmo mi mente y relajo mi cuerpo».

Inhala y exhala lentamente.

Haciendo *tapping* en las cejas

Haz pequeños toques en el lugar donde comienzan tus cejas, cerca de tu nariz.

Mientras tocas, di: «Incluso cuando mi corazón se siente pesado en mi pecho, y no tengo ganas de jugar, aún me amo a mi mismo. Está bien sentirse triste, a veces. Encuentro alegría en las pequeñas cosas».

Inhala y exhala lentamente.

Haciendo los toques a los lados de los ojos

Usando dos dedos, toca el medio de tus orejas. Ahora desliza los dedos a lo largo de la esquina exterior de tus ojos. ¿Sientes el hueso? Ahí es donde debes dar los golpecitos.

A medida que lo hagas, di: «Incluso cuando mi corazón brinca como una bola de fuego dentro de mi pecho, y mi mandíbula se aprieta como la de un gran tiburón blanco, sigo queriéndome. Está bien sentirse enojado, a veces. Si tengo que elegir, elijo ser amable».

Inhala y exhala lentamente.

Haciendo *tapping* debajo de los ojos

Con tus dedos, siente el hueso justo debajo de los ojos. Ahí es donde debes golpear suavemente.

Mientras lo haces, di: «Incluso cuando me erizo y me tiembla el cuerpo, sigo queriéndome. Está bien sentirse asustado, a veces. Soy valiente y decidido. Confío plenamente en mí mismo».

Inhala y exhala lentamente.

Haciendo *tapping* debajo de tu nariz

Para hacerlo debes golpear suavemente en el espacio debajo de la nariz, pero por encima de la boca.

Hay dos graciosas líneas que bajan desde la nariz hasta el labio superior.

Haz los toques justo en el medio de ellas.

Al hacerlo, di: «Incluso cuando mi cara se sonroja y quiero esconderme del mundo, en casa, o en mi cama, sigo queriéndome. Está bien sentirse avergonzado, a veces. No soy perfecto, y me siento bien aceptándolo».

Inhala y exhala lentamente.

Haciendo *tapping* en tu barbilla

Encuentra el punto a medio camino entre el labio inferior y la parte inferior de la barbilla.

Mientras lo golpeas suavemente di: «Incluso cuando no me gusta que otra persona juegue con mis juguetes, sigo queriéndome a mí mismo. Está bien sentir celos, a veces. Estoy feliz de compartir, porque hay suficiente para todos».

Inhala y exhala lentamente.

Haciendo *tapping* en la clavícula

Este es el lugar más complicado de encontrar... ¡pero puedes hacerlo!

Pon los dedos sobre tu hombro. Ahora muévalos lentamente hacia tu cuello.

¿Puedes sentir los huesos delgados cerca de la parte superior de tu pecho, a ambos lados?

Esas son tus clavículas. Y justo debajo es donde debes dar pequeños y suaves golpecitos.

Mientras lo haces, di: «Incluso cuando sigo pensando en las cosas malas que podrían pasar, sigo queriéndome a mí mismo. A veces, está bien sentirse preocupado.

Elijo tener un día increíble, pase lo que pase».

Inhala y exhala lentamente.

Haciendo *tapping* debajo del brazo

Coloca los dedos en el centro del pecho y luego deslízalos hacia un lado del cuerpo. Ahora levanta el brazo. Allí, junto a la axila es donde debes golpear suavemente.

Mientras golpeas, di: «Incluso cuando oigo una vocecita dentro de mi cabeza, diciéndome que he hecho algo mal, sigo amándome profundamente. Está bien sentirse culpable, a veces. Me perdono por mis errores, porque comprendo que estos me ayudan a aprender y crecer».

Inhala y exhala lentamente.

Haciendo *tapping* en la mitad del pecho

Tu corazón está un poco hacia la izquierda. Sin embargo, ese no es el lugar donde debes hacer los toques.

Pon los dedos en la nariz y deslízalos hacia el pecho. Allí en el medio hay un lugar llamado el centro del corazón. Ahí es donde debes dar esos pequeños golpecitos.

Mientras lo haces, di: «Incluso cuando las cosas no me hacen sentido, sigo queriéndome. A veces está bien sentir confusión y dudas.

Acepto las cosas que no entiendo en algún momento y aprendo algo nuevo todos los días».

Inhala y exhala lentamente.

PALABRAS PARA LOS PADRES Y CUIDADORES

Hola, agradezco que hayas comprado este libro. Fue escrito e ilustrado con mucho amor, como una pequeña introducción al mundo del *tapping* para los niños pequeños. Esta técnica tiene muchos beneficios para la salud general. Todos necesitamos mantenernos en equilibrio en nuestras vidas, y nunca es demasiado pronto para empezar. Así pues, empecemos a usar esos deditos para hacer *tapping* y hagámoslo un hábito de toda la vida.

¿Qué es el tapping o darse golpes suaves?

Tapping, también conocido como Técnica de Liberación Emocional (EFT, por sus siglas en inglés) es una práctica terapéutica que combina el antiguo método de curación chino de acupresión, con técnicas de la psicología moderna.

Las personas que practican el *tapping*, o darse estos pequeños y suaves golpes, están convencidas que nuestro cuerpo funciona como un sistema de transporte, conformado por una red de carreteras interconectadas llamadas meridianos. Nuestra fuente de energía, invisible para el ojo humano, fluye por estas vías, y cuando esta se mueve libremente, disfrutamos de una sensación de bienestar tanto de nuestra mente como del cuerpo.

Sin embargo, a veces, estos caminos se obstruyen y las causas más comunes por la que esto sucede es el miedo y el estrés. Situaciones que generen ansiedad, depresión, insomnio, enfermedad, o un problema en el trabajo o en la escuela, o un dolor físico real crean sentimientos negativos. Esa negatividad puede bloquear o desequilibrar nuestro flujo de energía.

Entonces, ¿cuál es la función del tapping?

Piensa en el *tapping*, o darse estos pequeños golpes suaves, como una técnica de autocuración que te permite desbloquear tus meridianos, permitiendo que la energía fluya libremente por tu cuerpo. En términos simples, ¡el tapping te hace sentir mejor!

Bien veamos, ¿cómo funciona el tapping?

El *tapping* utiliza los puntos de los meridianos para acceder a tu fuente de energía y restaurar su adecuado fluir llevándolo a un equilibrio natural. Al realizar estos pequeños toques en estos puntos específicos de energía, envías un mensaje al centro que maneja el estrés en tu cerebro. Cuando estás bajo presión o tienes emociones negativas, tu mente y tu cuerpo entran naturalmente en modo de supervivencia. Eso provoca estrés que, a su vez, puede generar un malestar mental o físico.

Para lidiar con estas emociones y pensamientos negativos, podemos utilizar el *tapping* junto con afirmaciones, que son frases positivas que deben ser pronunciadas en voz alta. Este ejercicio mental y físico ayuda a los niños, y también a los adultos, a ponerse en contacto con sus sentimientos fomentando una respuesta positiva a sus problemas. El resultado es el que se sientan mejor consigo mismos cultivando un sentido más fuerte de autoaceptación.

¿Los niños necesitan tapping?

Los niños y los adultos tienen diferentes desencadenantes de estrés, pero los niños, indudablemente, experimentan miedo y sentimientos negativos. Los niños son propensos a experimentar emociones volátiles, porque sus mentes y cuerpos están, apenas, iniciando su desarrollo. Estar de mal humor y ser irracional puede ser un factor natural de crecimiento, pero los niños también pueden sentirse estresados por fuerzas externas: como el acoso escolar, la presión de sus compañeros, el sufrimiento o los problemas en casa. El *tapping*, en estos casos, podría ser un mecanismo para afrontar estas emociones que puede ayudarles a aliviar, o incluso resolver, algunos de estos problemas. Algunos estudios han descubierto que los niños pueden ser más receptivos al EFT que los adultos, porque sus problemas suelen ser menos complejos y no se preguntan por qué o cómo funciona el *tapping*. ¡Simplemente aceptan que los ayuda!

Entonces, ¿qué contiene este libro?

En este libro, identificaremos algunas emociones negativas más comunes que los niños pueden encontrar en su vida diaria. Es importante que los padres o cuidadores reconozcan y acepten estas emociones. Esto ayudará a los niños a sentirse más seguros y mejorar su confianza en sí mismos, a la vez que se hacen más receptivos a la idea de aplicar el *tapping*. Para los niños que aún no saben verbalizar sus sentimientos, los padres y los cuidadores pueden usar la narración en primera persona para ayudarles a poner sus sentimientos en palabras. También practicaremos un ejercicio de respiración, haciendo la analogía con un globo, para ayudar a los niños a aprender a calmarse y relajarse. Además, introduciremos algunas afirmaciones simples y efectivas que se pueden usar durante la práctica del tapping, para ayudar a los niños a construir su autoestima y resiliencia desde una edad temprana.

El *tapping* es un medio que promueve el bienestar físico y emocional de su hijo. Pero también podría ayudarlo a usted. De hecho, este beneficiará aún más a su hijo, si usted es capaz de restaurar primero su propio equilibrio emocional. De modo que puede resultar ser un ejercicio divertido para hacer a diario junto con él. Sin embargo, asegúrese de no presionar a su hijo para que practique el *tapping*. Simplemente demuéstrele las técnicas y permita que siga su ejemplo cuando esté listo. Algunos niños responden bien a esta técnica con animales de peluche que tienen estos puntos de toque en ellos. Por último, pero no menos importante, las ilustraciones de este libro están concebidas para animarlo a usted y a su hijo a salir y realizar *tapping* en la naturaleza, si su entorno de vida lo permite. La naturaleza amplifica los efectos positivos de esta práctica en su salud mental y física.

El *tapping* no es una varita mágica, pero sí utiliza los «botones mágicos» naturales de su cuerpo para desbloquear la salud y la felicidad desde dentro.

www.ingramcontent.com/pod-product-compliance
Lightning Source LLC
Chambersburg PA
CBHW041231240426
43673CB00010B/308